서릿발에 걸친 달

유나영 시집

이 도서의 국립중앙도서관 출판예정도서목록(CIP)은 서지정보유통지원시스템 홈페이지(http://seoji.nl.go.kr)와 국가자료종합목록 구축시스템(http://kolis-net.nl.go.kr)에서 이용하실 수 있습니다.(CIP제어번호 : CIP2019022550)

인지
생략

들꽃시선 140
서릿발에 걸친 달

지은이/유나영
펴낸이/문창길
초판인쇄/2019년 06월 15일
초판펴냄/2017년 06월 20일
펴낸곳/도서출판 들꽃
주 소/100-273 서울 중구 서애로 27(필동3가) 서울캐피탈빌딩 B202호
전 화/02)2267-6833, 2273-1506
팩 스/02)2268-7067
출판등록/제2-0313호
E-mail:dlkot108@hanmail.net

값 8,000원
* 파본된 책은 바꾸어 드립니다.

ISBN 978-89-6143-209-2 03810

들꽃시선 140

서릿발에 걸친 달

유나영 시집

들꽃

| 자서 |

나는 외로울 때면 어김없이 여행길에 나서곤 한다.

자연의 오랜 진화를 통해서 얻어진 내용물을 사귀면서 삶을 가꾸거나 충전시키고 내 삶에 있어서 타인에게 아픔이 되지 않게 더러는 정중하게 더러는 경건하게 생활의 울밑을 경영하곤 한다.

이번 시적 여행이 내게 있어 고단함도 있었지만 삶의 성취를 가꾸는데 작은 도움이 되었다고 본다.

이런 일들이 하나의 변화를 위한 시도일 수도 있겠고 나의 시의 변화를 가져오는 과정으로 맞을 수도 있겠다

언제나 그러듯이 그 시집의 내용이 어떻게 변해가고 있는가 하는 걸 스스로 볼 수도 있기 때문이다.

2019년 봄에

유나영

차례

제1부 별이 진 자리

제2부 삶을 물을 수 있다면

제3부 관용법

제4부 가을밤의 소리

제 1 부

별이 진 자리

인생론

사는 것 그것은 행복이라 했나
구름 흐르는 물이 유랑에 떨려오듯
그렇게 회전목마처럼 구르면서 흐르는 것
그것이 삶이라 했나

밤별이 겨울 창에 오르고 눈이 온 지
오래인 까닭에 흰 눈이 기다려지는 날
그런 날 우리는 하나의 꿈을 꾸며
밤을 지피고 놀아대야 하는데
그리하여 창살에 꽂힐 하얀 눈을 그리면서
사랑을 나누어야 하는 것인데
참 오래 잊었던 친구의 이름을 잊고 겨우
눈물겨워 떨고 있는 것

무엇이 삶인가 삶을 가꾸는 뜰이 어디쯤 있는가
도무지 감각을 지필 수 없는 까닭에 나는 겨울의 창백한
하늘을 우러러 볼 힘이 없다
사는 것 그리하여 행복에 사무치는 것
그것이 무엇인지 묻고 있다

물안개

빈 뜨락을 휘감는
물안개
비탈길을 품고

먼 능선으로부터
찾아 온 그리움이
늦가을의 빈자리를 서성거리며

누가 올까
누가 부를 것인가 골몰하는데

꽃이 지고
언제나 잎도 지고 있다

천정을 보며

잠 못 이루고는
나는 천정을 보면서
무늬 하나에
그리운 시절 어머니의 이야기와
그리운 시절 이웃친구 이야기와
그리운 시절 뒷동산에서의 놀이와
그리운 날
내 삶의 이랑을 화첩에 올려놓으면서
나는 어찌 헛웃음을 웃어야 하는가

그리하여 세월이 차압해 놓은 일종의 구속된 생활의 내란을 간섭하면서 혹은 압박으로 혹은 타이름으로 명상하면서 착각의 시대에 살아온 나의 우정과 인연의 족쇄까지 풀 수 없는 까닭에 더불어 번뇌하면서 나는 나의 이력의 울타리 안에 갇혀 끝내는 슬퍼하고 있다

별을 헤아리며

별을 헤아리면서
살아 온 날의 사랑을 줍는
당신
그 간절함으로
어머니를 부르는 윤동주 시인

나는 당신 그 숨결마다
정의로운 자리를 보며
꿈이 무엇인가
그토록 간절한 삶이 무엇인가
물으면서
당신의 별을 헤아리고 있습니다

참으로 곱다 못해 경건한 별
감초맛 나는 향기를 씹으며
쉽게 쓰여진 시와 더불어
우러러 하늘을 보는
윤동주 시인

당신의 서시를 여기서 읊고 있습니다

시인이여
조국의 오래고 긴 역사의 톱날을
굴리는
당신의 별이 빛나는 자리여

시대의 오류와
오염과
풍토병에 시달린 정치와
경제의 수렁에서
나는 당신의 끈끈한 삶을 음미하면서
끝내는 인내하고 있습니다

풍광이 스쳐야 할 한반도
남단의 끝자락에 서서
당신의 삶과
사랑과
그 목숨 바친 순결을 흠모하며
막 당신의 별을 헤아리고 있습니다

시골 풍경

백설이 달라붙은 농로에서
꽃보다 고운
동화를 연출해 내고

소꿉친구의 체온이 발밑의 눈발 속에
묻혀서 소리치면
그때에 나는 그리움으로 소스라치고

그것이 무엇인지 모르는 동안에도
안타까워서
유년을 부르고 있으면
또 눈은 내리고 쌓여서
발등을 덮어주고 있다

그리움이 무엇인가
햇살이라고 금시 내리치면
흰 눈 녹아내리고
꿈도 쓸어 갈 것 아닌가

시골 풍경이 탐스럽게 자잘대는
논두렁 가장 자리에
상심이 쌓인 세월이 묻어난 것을
비로소 나는 도청하고 있다

접목

과일나무에 접목을 한다
접목한 과일나무는 두 모양의 얼굴이다
이 시대 이 사회의 구성은
접목으로 불신을 닦아야 한다
접목으로 비정한 삶을 바꿔봐야 한다

접목을 하자
맨 처음 탐욕을
키우지 않던 그 때의 미학을 위해
욕망의 그릇에 담긴 과욕을 털어내기 위해
접목해야 해야 한다
더 이상 지쳐가는 사회현실의 굴레에서
벗어나기 위한
새로운 생명의 접목을 하자

별이 진 자리

공허한 밤으로 뻗어간 뒷자리에
달은 뜰 수 있을까
학춤을 추어 대면서
고독한 뒤풀이를 서둘고 있을까

꼭두새벽까지 시간을 쓸어 담으면서
빈 가지 우지직거리는 소리를 추스리면서
찬 이슬 바지자락에 걸어 두고
그때에도 환영을 서둘 수 있을까

언제나 밤인 것 같아서
절망의 순간이 멈춰 있는 것 같아서
고샅길 숨소리 하나 없는
한 중턱까지 와 있는데
마침내 바람만 가까이 다가오고 있다

수난의 날이 꿈틀거리다가
별이 떨어진 빈 자리에 와서
마른 나무 가지를 흔들어 대고 있다

자유의 상실

맨 처음에도 바람 앞에 서 있었습니다
바람의 탓에 바람처럼 흔들리다가
매서운 한기에 떨고 있습니다
추운 입김 속에 차가운 소리만 뒤집어 쓴 채로
그냥 흔들리고 있습니다

어디로 갈 것인가
가면 얼마나 갈 것인지 기약 없고
또 갈 힘마저 없이
추위의 노예가 되어 그냥 떨고 있습니다

자유는 언제나 엄숙한 구속을 받아야 하는데
자유는 언제나 삶의 지표를 세워야 하는데
자유는 내 삶의 모멸 앞에 서 있습니다
언제나 그러듯이
잠자리의 날갯짓 하나만이라도 거느릴 권리와
힘의 기능과 그리하여 용기마저 잊고 왔습니다

자유는 우리들의 영혼에 타올라야 하는데
자유는 자유로부터 구속되어 있기 때문에
차가운 입김을 몰아치는
바람 앞에 서 있습니다

갯벌을 바라보면서

갯벌을 쓸어안고서
햇살과 같이
간드러진 바람과 같이
시샘에 사무친 세월을 부르고 싶다

목이 메는 사랑은
그리움으로 차오르고
바닷물 골골이 들어차 오는 동안
바닷물 따라
바닷가 이야기를 줍고도 싶다

많이도 물속을 들여다보고
옛 이야기 물어도 보고
조각난 대로 지느러미 속에 묻힌
인연의 끄나풀을 잡아끌면서
물어도 보고 싶다

물은 흘러서 가는 것인가

물방울 튕기며 노도처럼
삶은 흩뿌리는 것인가

갯벌을 쓸어 대면서
마지막 남은 빛살의 출렁거리는
풍경을 곁에 두고서
지나간 날을 부르고 있다

고물

아무도 만나지 않는다
깨어지고
상처뿐인 번뇌의 통로에
제 시름을 달래고 있다

누구 하나 오지 않고
와서 휘저어 보지도 않고
깨어진 채 짓눌리고
짓눌린 채 쌓여서
태산을 이루고 있다

간혹 오는 것이란 날짐승이거나
벌레들이 찾아주고 있을 뿐
생명을 다한 마지막 자리에서
곤히 잠들고 있다

모조리 쓸어버리고
버림 받은 자리에서

흔적으로 남아 있는 것
고물은
막 아주 말이 없다

가야 하는데

가기는 가야 하는데
모아둔 인연 때문에
발을 멈추고 서 있습니다

몰려드는 구름떼가 원망스럽고
느닷없이 사분대는
우리들의 동산에 돋아난
원시의 풍경이 그러하고

차라리 그것들을 잊고 살 수 있다면
기억의 잔뿌리마저
모두 잊어버릴 수 있다면
발길마저 가벼울 텐데

낯선 길이어도
가야할 것이라 일러 왔는데
길을 나서지 못하고
돌아보고

다시 돌아 온 길을 보고 있습니다

소리쳐 오는 것들
불러대면서
볼 비비며 사랑을 나누자고
얼려대는 것들
칡넝쿨 엉키듯이 달라붙어서
차마 길을 나설 수 없습니다
발을 멈추고 있습니다

우리들 삶

우리들 삶은
그 시절 그리운 날을 두고 서성일 뿐이다
얽혀있는 회로를 드나들다
탄피조각처럼 널브러진 인정은
외로운 고샅길에 쭈그려 앉아 있고
나는 우리들의 삶을 기억해내면서
몽롱한 아픔으로 찌들고 있다

무엇이 그리워서 두려워 떨게 되는가
천천히 손에 잡히는
사랑은
숨 가쁘게 울부짖고
구름은 무심으로 지나고 있는가

삶은 그렇게 밀리어 가는 동안
공허만 쥐어짜게 되면서
왜 선선한 바람에도
부대끼면서 아파하고 있다

여울목에서

물은 조약돌 끼고 반짝거릴 때
잃어버린 세월을 물을 수 있다
시간의 틈 사이를 메우면서
하나씩 잡히는 사랑을 부르고
노래하기도 하고
숙명처럼 달라붙는 삶의 이랑으로
출렁거리면서
그리움의 자리를 맴돌기도 한다

개울이거나
바닷가 얕은 물가에 가서
여울물 흐르는 소리
기억을 끄집어내고
햇살이라도 기울면서 물가에 끼어
반짝거리고 있을 때
우리들의 세월
그 난간으로 매달아 놓은
풍경 앞에 이르러

물은 돌멩이 구르다 멈춘
틈 사이에 남아
번뜩이면서 옛날을 이를 것 같다

강과 바람과 세월에게

강이랑은 바람이 와서
소곤거리고 있다
물새가 갯벌을 누비는 동안
갈바람은 지나간 세월을 부르고
전설의 가지 끝에 매달린 아이들의
놀이가 한참인 지난 시절을 부르고
물은 넘치었다가 빠져나간 자리에
농게 기어 나와
우리들 세월의 길목에서 놀고 있다

바람아 얼마나 많은 날 기억에 두고
불어 올 것인가
강이랑 외로이 두고 떠나간 아이들
그리움 묻은 자리에
도요새던가
그런 물새들이 옛날을 물어 나르고
바람은 강이랑 갯벌을 두고
연신 흐느끼듯 솟구쳐 흐르고 있다

탁류가 묻힌 물가 물고랑 따라
기억 묻힌 이야기 전설처럼 파동 치며
만경강 이랑을 쓸어대고 있다
하늬쪽 억새바람이
망해사 풍경에도 걸쳐 울어대고
나는 기억을 줍기 위해서
분주한 몸짓을 하고 있다

물은 유년의 뜰을 건너서 흐르는데
바람은 세월 간 난간에 걸쳐
떠날 줄 모르고 흔늘대면서
우리들의 자리 그리움이 세월 따라
동요하고 있다
밤별이 성근 강 유역에
강과 바람과 세월이 한꺼번에
옛이야기 풀어내면서
늘 아이들이 뛰어 놀듯이
방만한 풍경으로 물결만큼씩
출렁이고 있다

찌든 세월

시간이 지나거든 가요
그을린 세월을 부르거든 가요

밤비 시름 젖어
자분대고 오거든 가요

물소리 미끄러져 어디로 가는가
이 모서리
저 모서리를 둘러서 가는가

상심에 젖은 삶은 첩첩이 쌓이고
바람에도 떨든가요
제 시름에 젖었든가요

그리움에 담긴 연가

어디쯤
가고 있습니까
환상이 바람처럼 솟구쳐
시간의 울밑을 쓸어 대는데
보이지 않습니다
아주 멀리 가고
보이지 않을 만큼 가고 있어서
많은 날을 기다리면서
그리움에 사무치고 있습니다
방충망을 쳐놓고 있지만
뭇 벌레들의 다툼이 새삼스럽지만
까닭인즉
시샘을 걸머지면서
겨우 사랑의 원죄를 묻고 있습니다
어디쯤 가고 있습니까
창문 아래로 솟구쳐 오는
빗날을 지키면서
뉘엿뉘엿 저물고 있는

세월 앞에서
아픔을 쓰다듬고 있습니다

산새

가야 하겠지
질퍽한 물기가 배인 자리엔
정도 스멀거리고
그대로 흘러버린 사랑을 두고
가야겠지

언젠가 한번은 불러댈 것이지만
미련일랑 그대로 남겨두고
산릉선 따라
날짐승 나르는 쪽으로
가야 하겠지

바람이 제 홀로 떠돌고
일상의 반복이
개살구 내음처럼 솟구쳐 흐를 때
비수처럼 날카로운
내 삶의 흔적만 두고
가야 하겠지

아주 옛날이 되어 모두가 묻혀버린 곳
사랑을 이삭 줍더라도
가야 하겠지

성당 포구의 억새

개울물 먼 이야기 물으면서
세월 데리고 가듯이
성당 포구의 억새풀 바람개비와 같이
어디론가 가고 있는 것 같다

무심으로 지펴놓은 가을 뜰이던가
그 가장자리에서 억새는 놀았겠지만
세월 가는 걸 어찌하겠는가
할머니 하얀 머리채 하고
그렇게 시름겨운
몸짓을 하고
해당화 질펀하게 열 지어 개울물 따라 동행하고

길 입구의 느티나무는 포구의 오백년 꿈을 새기고 있다
뭇 날을 두고 사람이 그러했듯이
쪼그라진 삶을 운명처럼 짊어지고 있다
포구의 억새는 바람개비와 같이 지축을 흔들 듯
개울물은 파장을 일며 고단한 풍속을 끌어안고 있다

성당포구 옛 시절 삶의 터전
추억으로 남아
억새풀 한 노인의 등짐지고 가는 모습으로 남아
빈자리 폐허가 된 성당포구 버들가지엔 무심으로 바람
이 인다

물은 세시의 풍습을 끼고
개울물 둔덕을 따라 길 엮어 내리는데
억새는 가을의 빈 뜰을 서성이고 있다
끝내는 하얀 물거품 엉키는 금강의 유역에 억새가 논다
물 따라 언덕 따라
가고 없는 날의 무심한 그리움 끌어안고 논다

믿음으로 타오르는 노래

우리 서로 믿음에 기대어
말하는 소리
듣는 소리
우리는 우리에게 소중히 다스려야 한다

우리는 우리들에게 무엇이며
우리는 우리들에게 어떤 당부로부터
사랑과
신뢰가
꿈으로 타오르게 할 것인가

절름거리는 세월의 안팎에
찌꺼기처럼 남아서 노는
부정과
부패의 삶을 닦아내면서

우리 서로 믿음에 대해서
말하는 소리

듣는 소리
우리는 우리에게 소중히 다스려야 한다

그리움의 산책

천천히 미끄러져 가고 있는
계절의 숲
타오르는 나뭇잎의 떨림을 본다

그렇게 밀려버리고 만 일들이
부서져 내리는 뜰 쪽에서
밀실을 가꾸고

마지막 절규해 오는 벌레들의
울음소리가
처연해서 아프게 떨려오면

몇 개의 그리움이 찾아 와서
뜰의 안벽에 걸린
또 하나 빼앗긴 날들을 부른다

천천히
혹은 아주 빨리 지나가는

계절의 속살을 문지르면서
누런 잡풀을 밟고 있다

제 2 부

삶을 물을 수 있다면

꽃씨 소묘

시름겨운 날은
안호주머니 깊이 꽃씨를 넣자

타오르듯
애잔한 사랑을 부르며 살자

종일을 두고 그리운 사람을 부르면서
아직 잊히지 않는
사랑을 고르면서

물방울 튕겨나는 서러움의 밤을
힘겨워도
모아 두고 다스리자

바람 소리여도 좋고
햇살이 저무는 마지막 남은
서녘 노을이어도 좋고

시름겨운 날은
사유의 능선에서 꽃씨를 따 담자

달빛에도 우네요

보름밤이었는데요
물보라치다
시골 풍경을 채색해 논 고향 길
그 길인데요
새가 나르네요
아마 쫓기듯이 날아가네요

밤새워 기다리다가 목이 쉰
강물이
파드득 파드득 소리 내고
때로는 속으로 오열하고

그래요
서러운 날에 사랑을 보고
사랑이 그리워
서럽게
서럽게 우네요
달이

고요의 뜰을 쓰다듬는 동안에도
아마
아름다운 꿈에
아파 우네요
시름짓네요

가을 노래

꼭 슬퍼야 한다면
슬퍼하자
가을 나뭇잎 지고
누렇게 풀빛 서린 마른 배경에서
고민한 것이 무엇인지 물으면서
슬픈 일이라면 슬퍼하자

그을린 세월이 등잔불 밑에
숨어 있어서
가을은 슬프고
쓰르라미 마지막 시름에 겨운
울음소리가 젖어서
슬프고
밤별이 마른 잎에 걸쳐서
잎은 그 무게에 떨어져 내리고 있어서
또한 슬프고
아마 앙상한 나무거나
꿈의 조각이 나부끼는 가을이어서

슬퍼해야 한다면
슬퍼하자

잃어버린 전설

무슨 꿈을 얻을까
마음마저 지피고 싶다

무슨 바람이 일까
무슨 허상의 찌꺼기일까

하루도 몇 번이고
달려드는
달려들면서 솟구치는
생활의 꼭짓점에서
무슨 몸짓으로 어디에든 비벼댈까

거두어 드릴 기력조차 없는
이 기막힌 현실 앞에서
무엇을 불러대야 할까

저 멀리 밀리어 난 자리에
바람처럼

기적은 울릴 것 같다
아픔이 여운으로 남는
소리의 진동이

밤의 연가

차 한 잔에
띄운 정
촛농 녹듯 내리는데

작고 보잘 것 없는
풀잎
빈 뜰을 지키고

언제나 그랬듯이
눈물만 자주 만나게 되면
희디 흰
속살을 여미고는

잡힐 듯
잡히지 않는
사랑
사랑을 놓고
밤을 물레처럼 돌리고 있다

빼앗긴 세월

생명의 소중함을 알고 있을 때에도
한 포기의 들꽃조차
다스릴 힘이 없습니다

물고기들의 비늘 같은 가느다란 선율이
그리워 있을 때에도
사랑마저 부를 힘이 없어
절망하고 있습니다

덜거덕 거리는 세월이 자꾸만 다가와
현기증이 나 있고
마디마디 메마른 연민의 창에
인연이 다그쳐 와서
신음하고 있습니다

가시에 찔려 쩔쩔맨 시간이라면
요동치는 절망은 없을 터인데
진실로 묻고자 한 사랑은
비로소 간 뒷전에 서 있습니다

그렇게 묻노니

지금은 어디 있을까
달맞이 하던 세월을 꺼내면서
그렇게 묻고 있는데
한 백년쯤 지나더라도 불러 볼
나의 사랑의 이름아
어디 있을까

진달래 이파리 야들이 하늘대는데
산등성 타고 오를 때까지
소리하는데
검정빛으로 타버린
세속의 호흡에 병앓이 하고 있지만
그리움은 작은 깨알처럼 쏟아지고 쌓여서
또 부르고 있노니
지금 그가 어디서 무엇을 하고 있을까
그렇게 묻고 있다

비오는 날의 출항

출항을 서두는 동안
분노의 물살은 풍우와 더불어 넘쳐나고
물새는 서러워 울고 있었다

거북 바위 둘레의 무성한 풀잎은
상심에 차서 산발한 채
은사시처럼 흔들어 대고
어디에도 눈이 아득한 몽롱한 풍경이
삼삼하게 묻혀 있었다

기러기 왜 울고 나르는지
나르면서
뱃전을 가로막고 있는지
그리고 뱃머리를 올라타면서
우리의 옛날 그 길을 가고자 하는 앞에서
울어대고 있었다

묻혀버린 날을 부르고자 하는데

아득한 저 편의 언덕을 볼 수 없고
비와 바람과 잃어버린 세월을
같이 묶어 놓고
울새는 서러워 울고 있었다

강이랑에서

누가 오는가 싶네

흔적만 풀어 놓고
물이 흐르는 강이랑에서
누가 세월 가는 몸짓을 응시하는가

멍게가 아가리 벌리고
빈 하늘을 담자 한다면
멍게를 통째로 담아야 하는가

나는 입버릇처럼
잃어버린 날의 체취에 취해
행복하고 싶어서
강 유역을 서성인다

지향도 없이
지표도 없이 꾸리는 삶의 꾸러미
가꾸면서

탁류가 한바탕 소란을 피운
물 어귀에서
나는 오욕의 시간을 끌고
헛기침을 한다

가는 것인즉

하얗게 배인 세월일까요
타오르다 시든 흔적일까요

울밑을 쓸어내린
바람 소리만 스산하게 밀리는데
떨어져 나부끼는 사랑일까요

부르면 부를수록
정에 겨워서 쓸쓸한데
갈잎 떨어져 내리고
이삭주워대듯
잊혀 진 날의 꿈을 들추면서
사무치고 있는데

하얗게 배인 세월만 두고
타오르다 시든 흔적에 떠는가요
가는 것인즉
정인가요 사랑인가요

절망

내 삶이 골 깊게 패이는
고단한 시간을 끄실까요
허망한 날을 맞아
마지막 남은 꿈을 부를까요
짐을 지고 오르다가
땀에 젖어 쉬고자 하는데
길은 아득하고
고갯길에 이르러
비로소 간곡히 소원하는데
바람은 무심중에 떨고 있네요

첩첩산골인데
어두운 그림자 지고
물 건너고자 하는데
넘쳐서 파동치고 있는데
고단한 시간을 끄실까요
말까요
허망한 날을 맞아
꿈을 부를까요

가기로 하자

서둘러 가자
지평선 끝이 닿을 때까지
마디마디 육신 저릴 때까지
가자

따뜻한 눈빛이 어디 있겠느냐만
찾아 헤매야 하고
찾을 때까지
요동치는 바람을 헤치고 가자

산처럼 말이 없어도
물이 흐르듯이
그렇게 서둘러 가자
쌓인 피로일랑 먼 뒷날 씻어 내리고
내 삶의 내력을 들고
서둘러 가자

아침

모자란 것은 지능의 반동이 아니라
태만한 행실이다
꿈을 제작하고자 진지한 햇살은
의식의 진행이다

맑은 물 솟구치는
아침 뜰의 산책은 상쾌하지만 그것은
어둠을 쓸어 낸 자리의
현악이다

쉼 없이 다그치며 소리치는
우리들의 삶의 무릉에서
노래하자
아침을 열고 있는 동안만은

무심한 풍경

산고개 너머로 가면
뒤에서
구름도 따라서 넘고

부르는 사람이 있어
다시 돌아보면
메아리는
서릿발처럼 엉키는데

동화가 묻혀서 고운가
설화처럼
달아올라서 그리움인가

아등바등 살아온 날이
골 깊이 사무쳐서
애린에 차오른
바람 불어 대더니

산릉선 위로 가는 세월이사
구름 가듯 가고

바위

바위에 나뭇잎 몇 개가 앉아 있다
바위에 바람이 먼저 온 줄 모르고
나뭇잎이 앉아 있다가
바위 난간에 걸쳐 앉은 바람은
나뭇잎마저 쓸어내고 있다

가을은 동행할 친구를 원하지
않는 것 같다
가까이 다가가면 힘을 앞세워
몰아내기를 소원하고
그런 까닭에 그리움을 두고 있어서
기원하면서
하늘을 우러러 보는 것 같다

나는 바위 앞에 이르러
바위에 새겨진
풍상의 세월을 볼 수 있고
인내하면서

견고한 자태를 볼 수 있고
그리하여 나는 바위에 앉기를
소원하고 있다

삶을 물을 수 있다면

한 생을 모아 둘 수 있다면
이력을 다소곳 추스려 놓고
내 삶을 다듬고 싶다

바람이 자주 불어서
시샘에 찬 세월이 여며들면
소리 없이
그 모서리부터 닦아내고 싶다

원망도
아픔에 흐느끼는 것도
부질없을 터

빙벽을 쓸어내리는 차가운
입김처럼
나부껴 와도
삶은 어차피 아픔을 피할 수 없을 것

한 생을 모아 둘 수 있다면
다소곳이 앉아서
젖은 아픔 때문에 시름하는
병마의 부위를 닦아내고 싶다

가을 산책 · 1

투욱툭
알밤이 튀고 있는
가을의 뜰을 걷고 싶습니다
가을의 하늘을 베껴대는 소리에 매달려
청산을 우러러 보고 싶습니다

온 종일 풀숲을 헤치면서
놀아대는 풀벌레 소리
목청을 돋우고 있는데
소리는 그 소리와 더불어 부러움을
같이 나른다

어디엔가 있다가 날아와서
바위에 앉아
그러이 밀려오는 삶을 묻고 싶습니다
삶을 쓸어 담으며
아름다운 꿈을 뿌려대고 싶습니다

가을 산책 · 2

참 아름다운 계절일수록
엄숙할 일이다
생활의 궁핍을 달래다가도
시나브로 마음을 삭일 때
그때 우리의 법률이 있는 것이고
그때 최선의 기쁨과 더불어
우리가 밝혀야 할 최량의 양식이 있는 것이다

느끼는 것은 상실의 세월이지만
훙건히 배여 넘치는 것은
절망이 아니라
보다 큰 자성의 숨결이다

꽃의 표피에 부딪치는
그들끼리 모아 놓은 약속의 섭리가
사각대면서
가을걷이를 서둘고 있다

가을 산책 · 3

군데군데 흠집 난 자리를 둘러보고자
길을 서둔다
주섬주섬 도구를 챙겨들고
이삭을 줍기 위해
추수하는 뜰 뒤켠에 서 있다

누가 있어 불러 줄 것은 아니지만
자유로울 수 있어 풍요한 뜰에 서서
자존에 비롯한 삶을 묻는다

넘치는 물줄기와 같이 맑은 세상의
무게를 높일 수 있게
질긴 믿음의 끈을 늘리고 있다

그리움의 시절

새가 우니라
철꽃을 좇아 대며 우니라

한 시절
부르던 노래가
그리운 까닭에
밤이슬 묻어나는 논두렁을 서성이고
나뭇가지 사이엔가 묻혔다
떨어져 내리는
사랑을 부르면서 우니라

가는 것
그것이 어찌 세월만인가
사랑의 세월이 철들어 울고
울면서 그 사랑을 불러대노니

새처럼 우니라
철꽃 보내는 뜰에 서서 우니라

제3부

관용법

산속의 바람

산등성을 쓰다듬는 바람은
짐승들에게 쫓겨
개울가를 지나고 있다

아픔을 토해내고 싶지만
열망하는 꽃들의 사랑 때문에
마지막 시샘에 사무치고 있다

허리 굽은 촌노가
바람 앞에 서서
물끄러미 바라보고 있을 때
해는 지고 있고
서녘을 붉게 물들이고 있는
마지막 햇살은
개울가 건너로 서서
바람과 같이 가고 있다

그리하여 피부가 약한 꽃들이

우수수 꽃잎을 떨어뜨리고
뼈마디만 남아
서러워서 떨고 있다

사랑의 앙금

그의 눈빛이 아름다운 탓에
나는 아파했다
결 고운 앙금이 내려 꽂혀서
나는 밤새 앓았다

산을 가로 질러
빛이 한 참 바쁘게 쏟아져 있어서
뽀얗게 걸린 사랑이
달처럼 떠 있고

전신으로 부딪쳐오는
빛줄기이거나
꽃다발을 손에 쥐고 싶어서
그때도 똑같이 아파 있었다

숨은 그림자

그렇다
모두를 감춰 놓고
바람과 같이
손짓만 저어가지만

우리들의 유년에 있었던
발가벗은 몸짓만
남아돌지만

뒤척이면서
그리움을 꽃잎처럼 띄워보면
그림자만 남아서
밤은 아픈데

첫눈이 흩뿌린 자리
하얗게 밴
아픔의 뜰에
사뭇 정은 멀찍이
떠나고 있다

기도

아쉬운 일이 있어
촛불을 밝히고 있습니다
밤 깊은 때까지
뉘우침과
안타까움과
그리움만 남긴 사랑을 두고
아프게
손을 모으고 있습니다

제 홀로 전신을 떨면서
마침내 무엇을 태워야 하는지
궁리하면서
한 시절 조용한 듯
고동치는 사모의 정을 닦고 싶습니다
새벽종이 울릴 때까지
목숨을 헐떡이면서
간곡한 사연을 엮으면서
손을 모으고 있습니다

관용법

그럴 수만 있다면
환각이 키의 높이보다 더 클 수만 있다면
서둘러 관용해야 한다

왜냐하면 아픔은 남의 몫이 아니고
내 몫이니까
아픔은 하찮은 잘못을 거느리지 못한
내 자만의 탓이였으니까

몰골 흉하게 표정하는 세상은
내 불편한 삶의 찌꺼기일 뿐
때가 낀 삶의 표상일 뿐

그럴 수만 있다면
아주 천천히
나는 눈금만한 상처를
조금씩 다스리기를 소원하기 위하여
서둘러 관용해야 한다

만경강이 시름겨워하고 있다

문명이 회오리쳐서
물이 시름겹고
물은 굽이쳐 흐르다가 길을 잃고 있다

잊혀져 가는 길섶
트랙터가 소리 지르는 자리에서
해오라기 놀라 움츠리고
보릿고개 이름지운 옛날의 이야기
풀어대면서
물소리마저
시들어 가는 풀숲 곁에서
그 시절에 있었던 정은 또 다시 시름겨워하고 있다
길은 새롭게 단장되어 가는가
길을 따라 가로수 열 지어 있는데
무얼 가꾸어 가고 있는가

만경강 물길 따라 논밭의 이랑은
문명의 바퀴소리에 사라져가고

남은 자리 둑새풀 누렇게
저문 날의 풍경으로
전설에 묻혀
하늘대고 있다

사람의 손때에 묻어난
물길은
그리운 날을 묻으면서
낯선 자리에서 흐르고 있다

한 여름 무더기로 쏟아져 흐르는
바람이
문명의 이랑을 떠돌아 가면서
둑이 단장되고
전원의 풍경이 묻혀가는
빈자리
트랙터가 그 길을 가로질러 가고 있다

그리움 지난 날

언제인가
나의 그리운 날이 분주해서
나는 해빙의 뜰에 서 있습니다

느릅나무 메마른 가지가
하늬쪽 바람에도 젖어 울고 있을 때
나부끼면서 달래듯이 나는
향수를 비비대고 서 있습니다

서러운 것
한꺼번에 밀리어
꼭 따라온 정이
난간의 첨단에 매달리고 있습니다

촘촘히 틀어박힌 기억을 두고
설화처럼
엊그제 함박눈 내린 자리에
오늘은 삭풍이 밀리어 오고

풀듯이
스치는
나의 환각의 더미에
아주 오래전 삶은 보채면서 와 있습니다

빈 뜰 별이 성글게 쪽빛을 뿌리는
한밤의 독주가
댕그랑 소리로 풍경처럼 울고 있습니다

이산가족의 노래

우리 서로 오래 헤어져 있었는데
아마 당신의 노래는
왜 가슴으로만 젖어 있다가
끝내는 얼굴에 남아
눈물로 흘러 내립니까

반세기가 훌쩍 지나
사랑이 산화된 자리
삶의 어두운 밤이었는데
어둠을 딛고
눈물은
얼굴이랑에서 사랑을 불러대고 있습니다

고이는 것 정인데
왜 눈물입니까
불러도 그리운 사람
나의 사랑아
불러도 목이 맺힌 채

바람에도 채여 떨어 옴인데
금강산 산자락 타고
산 메아리
서러움에 겨워 울부짖겠는데
그리움 가둔 세월 끓어 안고
속울음도 다하지 못해 흐느끼겠는데

아마도 옛날의 노래
당신의 노래가 가슴 에워싸는 까닭에
얼굴에 묻어난 그리움
넉살인가
아니면 얼굴 이랑으로 고인
간절한 사랑이 있습니다
내 사랑하는 님아
나의 아이들아
금강산 산줄기 타고
산 고랑으로 젖어 울부짖고 있습니다

둥근달 내려앉은 모닥불 둘레에서

늦가을 서리 낀 마당 둘레
모닥불 타오르면
사람들은 모닥불에 가을 풍경 눕히고는
정담 나누고
하늘에서 둥근달 내려오면
불빛에 달빛도 녹여도 보고

마을 아저씨들
풍물패 이끌고 모닥불 지핀
달빛 아래서 풍물놀이 하는 시절이
오늘처럼 넘나들면
뒤꽁무니 따라 놀던 때
그리움으로 젖어 나부끼고

오늘 따라 이 가을의 풍경을
가을의 마당둘레에서
주워 담고 있다

사람은 가고 비어있는 풍장소리 쟁쟁한
늦가을의 산기슭에서
모닥불과 둥근달 내려앉은
뜨락을 어루만지며
한 세월 밀리어간 자릴 보고 있다

그리움의 세월

나무의 나이처럼
그리움 쌓여
거미줄처럼 동여맨 세월을
끌어당겨 볼까

한여름 고목이 된
정자나무 밑에 묻어둔 어머니의 이야기
소꿉친구의 이야기 부르면서
한 시절 바람처럼 왔다가
떠도는 그리움을 두드려도 될까

바람이 불고 있습니다
정자나무 그늘 사이로
나긋나긋 배인 사랑의 이야기 홀로 놀고 있습니다

그리움 두고
일렁이는 물에 매달아도 볼까

가을 이파리는 팔랑개비 되어

가을 나무의 이파리가
팔랑개비가 되어 돌아간다
삶이 뱅뱅 꼬이듯이 휘말린 채
아마 세월처럼
구겨진 삶의 흔적을 두고
팔랑개비로 돌아간다

문밖에 매달린 나뭇잎은
문패처럼 오랜 이야기를 두고
소식 담아 바람에 띄우고
고향을 묻는 사람
고향의 그리운 사람을 물어오는
희미한 이야기까지
넝마처럼 띄우면서
그렇게 팔랑개비로 돌아간다

어느 세월에 묻힌 이마위에서
저 머나먼 시베리아 벌판을 헤매다가 돌아왔거나

옛 시절 중국 상하이의 골목을
누비다 돌아온 사람의 행적을 묻듯이
늦가을 차가운 입김 걸고
팔랑개비로 돌아간다

그리하여 팔랑개비가 되어 돌아가는
가을나무가
녹슨 문패를 걸어 맨 자리에서
매달리다가
세월 가는 무심한 자취만 할퀴면서
흔적까지 지우며
거미줄에 얽힌
마지막 생명은 번뇌처럼 자취마저
사룰 양으로 팔랑개비가 문밖에서 돌아간다

때로는 집 떠난 사람의 영혼을 담아 돌아가고
때로는 유년에 있었던 기억을 엮어 놓으면서
아이들의 놀이터를 그리워하며
남아서 돌아가고
꿈 많은 사람의 기억을 빼앗아가면서 돌아가고
얽히면서 풀피리의 처처한 진동처럼
끓어 안으면서 돌아가고
길을 잃은 세월의 축대위에서

가을나무의 이파리가 돌아간다
외로운 날의 이야기 창밖에 걸쳐 서러움을 두들기듯
기억의 톱니사이에서
늦가을의 이파리는 팔랑개비가 되어
그렇게 돌아간다

그리움의 속삭임

아주 가버린 날의 이야기가
주절이 매달린 까닭에
가슴 조이는데
끝내 잊혀진 것 몰리어 온다

뭐가 그렇게 조여들다가
바람을 타면
꽃의 향기처럼 날아든다

정자나무 오솔길 지나 삼거리에
놓여
바람 젖어 떨고
끝내는 휘파람소리가
우리들의 정취 쓸어 담고는
벙그는 것 꽃같이 피어오른다

임피 간이역 앞에서

임피 간이역에 이르면
선인장이 가시마저 움츠린 채
옛이야기 들춰내다가
졸고 있다

한 두름 바람이라도 몰려오면
선인장은 지난 사연을 두고
움츠리면서
기억까지 읊조려 놓고 있다

뭐가 그리도 많은 아쉬움이 있어
떠나지 못하고
마른 잎만 차곡차곡 쌓아가면서
바람으로 들춰내며
울고 있는가

다 하지 못한 아쉬움이
어느 나무 틈을 메우는 못처럼

굳게 박혀있어
떠날 줄 모르고
십일월 마른 풀빛으로 남아
시름겨워 하는가

다만 섬길 수 있는 기억의 빗장을 걸어 놓고
어느 외로운 사람의 손짓처럼
추운 몸짓을 하고
선인장은 역사의 통로에서
움츠리고 있다

고향의 노래 · 1

나는 내 유년을 기억하기 위해서
고향에 왔다
참깨 이파리 파란 빛살과
아주까리 넓은 이파리와
헛간 담벼락의 박넝쿨과
흰 꽃과
내 웃음 얹어주는 체험을 위해서
벌 나비 호들갑 떠는 자리에 왔다

즐거움에 춤을 추는 날갯짓들
꽃가루 나부낀 향기로 젖은
향수며
해맑게 뛰놀던 놀이의 터전
우리들 유년의 뜰에 와 있다

언제나 떠나간 자리 돌아보면
그리움이 덕지덕지 매달리고
소중한 꿈을 소망하기 위하여

나는 홍얼거리고 있는
소리의 기억을 붙잡고 움츠리면서
고향의 뜰에 서 있다

고향의 노래 · 2

우리들이 놀던 놀이터에는
홍겨운 날의 이야기만 남아 있을 뿐
우리들의 동무는 있지 않았다

뒤란 가득 젖어있는 웃음 띤 이야기와
풀빛 야들한 몸짓과무릎까지 빠져 들어간 무논에서
우렁이 잡던 모습은 그림자로 남고
우리들이 같이 어울린 동무는 있지 않았다

바람이 꾸역꾸역 밀리면
서운한 이야기가 사시나무처럼 떨고
온 몸으로 어루고 싶은
유년의 정취를 쓸쓸한 모습으로 움츠리고 있다

어디서 무엇을 가지고 두드려 볼까
까칠까칠한 피부의 표피처럼
그리움만 깔린 그윽한 자리에서
나는 내 고향을 엮어내고 있다

고향의 노래 · 3

늦가을 벌판에 바람을 몰고
새가 운다
아무 것도 건져낼 게 없기 때문에
여러 가지의 광채를 생각하면서
비 오는 모퉁이를 돌면서
새가 흐느껴 운다

지난 시절이 얼마나 황홀했던가
알고 있는 새가
소유해야 하는 것 놓쳐버리고
뉘우치면서
생각의 각진 모서리에도 매달린다

얻어 볼 아무것도 없는 벌판
헤집어 보지만
곰팡이가 낀 채 잿빛 노을 젖고
먼지와 공허와
찌꺼기만 나부끼는 세월의 마른 숨결만

이력처럼 넓혀진 자리
새가 삶을 쫓아 왔다가 빈손으로
바람 앞세워 가고 있다

고향의 노래 · 4

고향은 풀냄새가 키우게 된다
산새는 풀내를 맡으면서 노래한다
팔월 한가위 달이 뜰 때
고향의 풀내에 젖어
세월이 간 흔적을 찾아낸다

길을 나서기로 하자
누군가 만날 것 같고
그리운 날의 이야기 만나는 사람에게서
들어 볼 것 같고
꽃씨 하나씩 튕기면서
무수히 부딪쳐 오는
우리들의 길고 오랜 사랑을 주울 것 같다

고향에 가자
풀내 향긋한 정취 쓸어안고
놀이에 열중한 유년의 시절도
끌어안고 환담할 수 있는
우리들의 고향에 가자

봄이 오는가

하얀 눈빛
서리서리 얽힌 아지랑이
산을 품는가
봄을 송글송글 풀어대는가

논 밭길 좁다고
다람쥐
높다란 나무에 올라
넓은 세상 부르고

뒤란 길 묻혀가는 기억들
하나씩 되새김 하면서
가난도 도탑게 묻고
봄맞이 하는가

아지랑이 이랑마다 물줄기 놀고
그 시절 동무 얼굴을 하고
색동옷 입고 놀던
봄은 그렇게 오는가

서릿발에 걸친 달

빈 뜨락에
달은 서릿발에 걸쳐있다

밀리어 버린
사랑에 휘청이다가
그 옛날 다듬이 소리 젖은
울타리 너머
저 만큼 마루턱에
할머니의 모습처럼
달은 서릿발에 걸려있다

가는 게 정 실어가서
때로는 서글픈데
때로는 처절이 밀리어버린
정의 무더기 속에
할머니의 숨결은 깃들어 있고
그 뜨락 모서리에 하얀 서리 내려
달은 그 서리에 앉아 있다

망실의 자리

영혼마저 상한 자리여서
삶의 지혜를 걸어 놓을 수 없다
웃음도 잃고
눈물마저 망각한 채
눈이 있으나 보고 들을 수 없고
끝내는 바람처럼
까닭마저 잃고 떠돌 수밖에 없다

영혼으로 받은 상심이 깊어
풀 수 없는
비정한 천지인데
어찌 삶을 굴릴 수 있겠는가
어찌 눈물을 깨우침으로
일어설 수 있겠는가

모든 것
저려오는 아픈 모든 것
이 길바닥에 깔아

뒹굴게 하는 데
누가 처처한 아픔을 두고
서러움의 끈을 잡아 줄까

영혼이 상한 자리에서
그는 아마도 서러운 몸짓밖에 없다
그는 아무것도 발견할
힘도 의식의 지축도 흔들 수 없다

제 4 부

가을밤의 소리

가을밤의 소리

억새꽃이거나
갈꽃이
시든 세월 불러 나부낄 때
밤안개는
잃어버린 그 시절을 일러 주면서 울고 있습니다

밤은 적요롭게 설레면서
한 가닥
노래만 남아
차마 아픔으로도 다 헤아리지 못해
끝내는 울고 있습니다

억새꽃인가
갈꽃이 밤으로 울부짖고
꿈은
저만큼 외로운 자리에서
시름시름 앓는데
비틀린 시간만 뒤적이다가 끝내는 울고 있습니다

겨울 강에

해오라기 한 마리가
겨울 강
눈 내리는 눈밭에 앉아 있습니다

강물은
눈발을 헤치면서
숨죽여 울어 헤고

해오라기 한 마리
한 마리가
강물의 흐름처럼
아픔을 흉내 내면서
그리움이 담겨 있을
하늘을 넘겨보고 있습니다

겨울 강둑에 이르면
잎 진 가지에
추억 걸어 맨 풀잎 하나씩 돋아
해오라기 눈발과 같이 숨은 이야기 나누고 있습니다

그리움의 노랫말

밤인데
마음을 묶어 명상하는 밤인데
물여울 뜨고
세월의 이끼 파랗게 낀 자리에서
황홀한 날의 아픔을 보는데
불러도
사립문 흔들리는 흔적만
지나간 날의 이야기
바람에도 젖어 떤다

늘 만나서 즐거움을 나누고 싶은데
달그림자 속에 묻힌
우리들이 포개놓은
환각의 깊숙한 너울만 울창하고
밤에 이슬 맞으며
걸어오는 것 같은
오래 갈무리하여 묻어 논 사랑
밤별이 와서 쓰다듬고 있다

한밤의 연주

그럴 수 있다면 꽃내음 질끈 씹으며
그림자에 묻힌 사랑을 만져보고 싶습니다
땟물 찌든 동무 손 휘어잡고
뒷동산 올라 놀던 그리움을 낚아보고 싶습니다
밤은 무정할수록 그리움을 솎아내고
머물면서 꿈꾸듯 속삭여 보면서
아무도 찾아와 손을 맞잡아주지 않아도
밤이면 성스러운 노래에 묻히고 싶습니다
소록이 잡혀오는 시절의 안팎으로
사랑은 눈물에 묻어 나부끼고
침묵의 울안에서 독백을 연주하고도 싶습니다

바닷가 서정

바다에 가면 해조음이 운다
꽃게가 나문재에 올라
춤을 추고
조여 오는 추위도 모르고
거품을 품으며
놀이에 열중이다

갈매기 울음 우는 것이
그리움을 더해 놓고
여간 오래인 것이 기막히게
물살과 같이 출렁이고 있다

분명 기억으로 남는 게 무엇인가
분명 반칙을 반복하면서
그리움을 매입하는 이유가 무엇인가

바닷가에 가면
행복이 물기슭에 스쳐 지나간다

라일락 너울댄 자리에서

누구의 집인가
담을 끼고 너울대는 이파리
파란 이파리 끼고 안개인 듯
몽우리 진 꽃들이 사랑의 서시에
눈을 틔우고
바람에도 하늘대면서
꿈으로 여울져 춤을 추게 되면
향기로 어울려

뭉그리고 끌어안으면서
한 송이 꽃과 꽃들이 어울리며
사랑의 뜰을 가꾸자 한다
어울리면서 정으로 얼싸 안자고 한다

오월의 황홀한 품안으로 어울리면서
삶을 부활하자 하면서
엘리엇의 〈황무지〉로 노래하고
톨스토이의 〈부활〉에서 백작의 연모의

꿈을 노래하고
휘트먼이
뜰 앞에 라일락의 피고 있음을 물었고
반 고흐의 그림에 라일락을 모델로 하는
그림에까지 상정하면서
후미에 드는 꽃
가슴 여리게 속 틔우는 빛의 여울
오월의 뜰을 라일락 향기가 가꾸고 있다

오월은 황홀한데 향기 지피고
누구의 집인가
한 그루 라일락 파아란 이파리
꽃송이송이 아롱진 사랑으로 서정의
숨결을 키우게 한다
정열은 뜰을 가꾸고
담을 넘어온 오월은 사랑을 가꾸고 있다

무상

조금씩 뒷걸음쳐 보아도
손에 잡히는 것은
무상 그것이다

누렇게 퇴색해버린 나뭇가지 사이에서
찬바람 서리고
금시 내릴 것 같은
겨울의 숨 마디마디가
쓰린 세월을 엮어낸다

정은 훈훈히 배이고 있지만
풀 수 없고
가로 막힌 길바닥엔
무정한 빛살이
마른 나무 위에 앉는다

돌아 볼 수 있어야 할 것 같아
돌아보지만
무상 그것이다

그가 떠난 자리

내가 달려갈 때에는
그는 가고 없다
무대 뒤편으로 잔해만 남아
바람만 남아 있었다

차라리 사랑을 위하여
발가벗은 채 평화를 노래하며
춤을 추워야 옳은가

무지개 색 눈금만한 꿈을
챙기고자
땀을 흘려왔는데
휘저어 놓은 빈 자리
또 달이 뜰 것인가

바람만 남아 신음하고
그는 가고 없다

운일암 반일암

단풍이 길 따라 놀더라
단풍이 길 따라 가다 물위에 떠서
바람 젖은 물길 따라 물장구 치고 놀더라

대아리 저수지에서부터
섬진강 줄기에 이르기까지
내가 잃어버린 꿈을 기억에 두고
가을 뜰을 가꾸는 감이 붉게
둥근달처럼 여물어 가고
하늘과 땅 사이 푸르른 하늘 담고
길을 가면
단풍은 따라와 놀자 하더라

벙그러지던 시절을 기억하면서
산정은
들국화 송이송이 어울리고
내가 그리던 남은 이야기
속 깊이 고르면서

유년의 뜰을 일러주면서
내가 걷고 있는 길을 따라 놀더라

시의 숲길에 들어

충남 보령군 주산면 작은 샘실길의
시와 숲길 공원에 가보았더니
새록새록 돋아난 이름들이 산길을 돌아
다정히 어울려 있거니
한 시인이 주었던 정분을 나누면서
나는 산길 돌아 가을의 풍경을 맞고 있다

사람이 사람으로서 나누고 싶은
그 잔잔한 이야기 싯귀에 젖고
나는 오래고 긴 세월의 둘레에서
인연의 끈을 어루며
참하게 고운 숨결들을 맞고 있다

사랑은 가고 옛날은 남는 것
그리움으로 가꾸어 온
꽃받침 튕기면서 향기로도 남는 것

나는 시와 어울리는 시의 공원

작은 샘실길에 이르러
오래 잊혀진 사람
그 사람을 만나
이 가을의 정취를 나누고 있다

가을 바다

가을 바다에 이르렀더니
청명한 날
갈매기는 하늘빛 벗 삼아
길을 나서고
고운모래 햇살에도 어울려 노는데
물이랑
멀리에서 가까이
가까이에서 멀리로
사람 사는 이야기를 전해주고
끼룩대는 갈매기 울음보다
더 고운 노래로 풀어내고 있었다
산겹겹 쌓인 골짜기
나뭇잎 덩달아 꽃처럼 놀아대고
섬들이
하나하나씩 구름에 덮여
구름 뒤 숨어서 평화는 놀고
나는 선유도 가을 바다에 이르러
무수히 쏟아지는

물이 가고 오는 세월에도
취해가고 있었다

뭐 있어 그리다가

눈보다 희게
희게 번지는 살아온 날
그리다가

미간쯤 움츠리고
가난이 묻은
쪽
정을 그리다가

함성마저 지를 힘이 없이
하늘을 우러러
고개 들던 그 땔
그리다가

막 목 놓아 울고 싶네
절망도
딛고 와 사랑 주는
세월 두고는

몸과

맘

그리운 정 묻게 되겠네

길

가야 하는데
성근 세월은 가고
기억할 수 없는 자리라서
갈 수가 없다

그리움의 숨결마저
나를 경멸하면서
채찍하고 있지만
밤비는 내리고
짙은 안개 같은 게 가로막아 갈 수가 없다

환멸일건가
푸르디푸른
유년을 불 지핀 숲은
어디쯤가야 머물는지 모르겠다

운명은 가느다란 비명을 내면서 딸깍거리고
가없는 세월만 전화벨소리처럼 흐늘대지만

소식은 막힌 지 오래인 까닭에
가기는 가야하는데
도무지 갈 수가 없다

살아간다는 것

세상사 잡풀처럼 엉키어
사는 것 종국엔 고단함일 텐데
욕망은 사람에게 얼마나 무거운 짐인가
삼라만상의 별이며 시원을 다스리는 상록수나
낙엽수 모두가 제 자리에서 호흡하고
오고가는 모든 것에게 나눔을 주는 정이겠는데
사람에게 있어서 타오르는 욕망은
필요의 조치인가
혹은 숙명인가
사는 것 다 무심으로 돌아갈 진데
세상사 삶을 물을 양으로
자연의 섭리 눈여겨보자면
사랑은 스스로의 이기로부터
벗어나야 하고
다만 욕망을 거두어야 한다

산꽃

산꽃이
꿈처럼
타오르는 아름다운 사랑처럼
엄숙한 행복을 맞는 길에

메아리로써
반가운 친구 부르고 싶다
시나브로 미움도 스러지고
산꽃이
굽이굽이 넘나드는 길에
웃음 주던
기억 모으고는
따순 손
꼬옥 잡고 싶다

잊혀진 날

끝내는 지워지고 남아 있지 않지만
정이 묻은 오솔길에 가면
사랑은 조각조각 남아
후조처럼 울부짖고

철이 지나 계절은 몇 번
바뀌어 놓아도
낙엽은 반복된 몸짓을 하며
잊혀진 날의 사랑에서
그리운 정을 깔아놓는다

오솔길을 오르고 있으면
잊혀진 날이
팔랑개비처럼 돌고 있다
아마도 사랑은
꽃잎과 같이 벙그리겠다

이별에 대한 것

이별일세
한 두 자락 걸친 하얀 옷섶이
나부끼고
섭섭한 이야기가 제 멋대로
나뒹굴고
예상치 못한 삶이 속박당하고 있어서
나는 병약한 마음으로
울분하고
그리고는 끝내 이별일세

철마다 되짚어 오는 상념도
무심으로 젖고
이미 떠나버린 것만 무량으로 헤아려
밤 깊을 때
병으로 돋은 그리움

이별일세
피죽나무의 마른 잎의 전율처럼

회상은 떠돌고
밤이 새기까지 솟구친 건
바람일세

사랑의 비밀

그저 뿌옇게 가라앉은
시절위에
안개가
두꺼운 안개가 덮여
다만 소리로만 들을 수밖에 없었다

그 때 나부끼던 시절풍이
감기보다 더 부대끼고 있어서
너와 나는 이별의
손을 놓은 채
후회를 털어내지 못하여
정적의 뜰을 누비고 있었다

몇 갑절의 두께와
무게와
그리하여 사랑의 정수리가
후끈후끈 달라붙어
그 숨결만 겹겹 쌓인
안개 속에 깊게 묻혀 있었다

눈을 맞으며

눈을 맞으며 간다
눈의 살갗을 어루면서
동화가 꽃피운 자릴
우리 모두 눈을 맞으면서 가꾸기로 하자

탱자나무 울타리로 참새 떼 지어 놀고
어머니의 잔잔한 목소리 젖은 길목에서
눈을 맞으며
우리 눈사람도 만들며 놀자

동무들아
파도치는 바다는 보이지 않는데
우리들의 몸짓 밖 의상사이로
바람은 전율처럼 울리고 있는데
눈을 맞으며 걷자

간간히 몰리어 오는
한 겨울의 통로에서

우리들의 가난한 시절 이야기
눈 맞으면서 어루만지기로 하자

고향의 자리

내가 품을 수 있는 곳
그 곳이 있다면
거기가 아마 고향일 게다

친구의 까불대는 모습이 배인 곳이 고향이요
박 넝쿨 치렁치렁 늘어진 자리에서
풀을 뽑는 어머니 모습이 보이는 곳이 고향이요
노을 짙푸른 해거름에 굴뚝으로
연기 서린 곳이 고향이요
마당귀머리에 풀 탑이 하나 둘씩 쌓이고
마당을 쓸어대는 아버지의 모습이 서린
그 곳이 고향일진데

내가 품을 수 있는 곳
있다면 가리
개울물 으늑하게 흐르는 물가에 가리
세월만큼
끌려간 자리가 그리운데

아마 고향 묻혀 있을 것 같아
거기로 가야 할 게다

| 작품해설 |

잃어버린 시간의 향기를 찾아서 떠나는 시적 여행

- 유나영 시집 『서릿발에 걸친 달』

국 원 호 | 문학평론가

| 작품해설 |

잃어버린 시간의 향기를 찾아서 떠나는 시적 여행

- 유나영 시집 『서릿발에 걸친 달』

국원호 | 문학평론가

1.

유나영의 시집 『서릿발에 걸친 달』은 인생의 의미에 대한 해답을 추구하는 '시적 여행'(유나영, 시집 自序 참고)의 기록이다. 시집을 여는 서시序詩의 제목부터가 「인생론」이다. 인생론이란 산다는 것의 의미는 무엇인가 혹은 삶의 고통과 행복은 어디에서 유래하는가와 같은 질문에 대한 해답을 찾는 과정에 대한 담론일 터이다. 인간의 특성이 '호모 코기타토homo cogitat'(스피노자, 생각하는 인간)라는 사실을 새삼 상기한다면, 인생에 대한 사유는 탄생과 죽음에 이르기까지 인간과 더부살이 할 수밖에 없는 형이상학적 문제이자 존재론적 문제라 할 수 있다. 그래서 "사는 것 그리하여 행복에 사무치는 것/그것이 무엇인지"(「인생론」) 물으며 시작하는 그의 인생론은 삶의 본질에 접근해 보고자 하는 모험의 선언인 듯하다.

그런데 새삼 뒤늦게 사는 것 혹은 인생에 대한 의문이 자라나는가? 일단 인생의 경험이 위태로워져 '경계 위에서의 삶survie'(데리다)이 될 때, 인생에 대한 의문이 출몰한다고 지적해 두자. 즉 인간은 삶과 죽음, 사랑과 이별, 외로움과 그리움 사이의 경계와 문턱에 도달했을 때 인생에 대한 의문을 제기하게 된다. 경계선 위의 삶은 인생에 의미를 부여하는 시간의 매듭이 풀어져 향기를 잃어버린 삭막한 시간을 현대인에게 강요하기 때문이다. 그래서 경계 위에서의 삶에는 '시간의 향기'(한병철)가 사라진다.

마찬가지로 시인 유나영에게 '지금-여기'의 삶은 어떤 위태로운 경계선 위에 자리하고 있다. 유난히 그가 마주하고 있는 "저물고 있는 세월 앞"(「그리움에 담긴 연가」)이나 "세월의 길목"(「강과 바람과 세월에게」)과 같은 시간과 공간은 과거와 현재라는 경계선 위이다. 그리고 그의 유난한 "그리움"(「시골풍경」)과 같은 정서는 시간의 향기가 남아있는 과거를 향해있다. 그래서 그의 시에는 생생히 살아 있는 과거의 "삶의 흔적"(「산새」)들이 만연하다. 그 과거의 흔적들에서 시인은 시간의 향기가 남아 있음을 느낀다. 이렇듯 유나영은 경계선 위의 위태로운 삶 속에서 인생에 대한 물음과 해답을 촉구하고 있다. 누군들 과거의 흔적들과 공생하지 않는 이가 있겠냐마는, 유나영의 시는 거기에 그치지 않고 우리의 삶 속에서 시간의 향기를 되찾을 수 있을지 고민하는 지점까지 나아간다. 이 얼마나 소중한 시적 여행의 일종인가? 잃어버린 시간의 향기를 찾아 떠나는 그의 시적 여행을 따라가 본다면 우리도 그 소중한 시간의 향기를 되찾을 길을 만나게 될지도 모르겠다. 그의 시적 여행에 동참해서 그 잔잔한 목소리를 들어 보도록 하자.

2.

유나영 시인이 추구하고자 하는 인생론은 단적으로 시간의 향기가 살아 있는 순수하고 아름다운 삶이다. 그에게 향기로운 삶은 '꽃'과 같이 아름답고, '예술인' 처럼 경건한 삶을 사는 것들에서 느껴진다. 즉 "삶을 부활하자 하면서/엘리엇의 〈황무지〉로 노래하고/톨스토이의 〈부활〉에서 백작의 연모의/꿈을 노래하고/휘트먼이/뜰 앞에 라일락의 피고 있음을 물었고/반 고흐의 그림에 라일락을 모델로 하는/그림에까지 상정하면서/후미에 드는 꽃"(「라일락 너울댄 자리에서」)은 그에게 순수한 아름다움의 절정이다. 아름다운 것들에는 시간의 향기가 깃들어 있다. 또한 윤동주 시인과 같이 "간절한 삶" 혹은 "순결"(「별을 헤아리며」)을 지향했던 순수한 시인은 그가 추구하는 삶의 윤리적 표상이다. 순결하고 간절한 것들에도 시간의 향기가 서려있다. 시인은 이 아름답고 순수한 대상들과 인물들에게서 현대적인 삶에서 상실된 시간의 영원성 즉 시간의 향기를 떠올린다. 그래서 그는 "시대의 오류와/오염과/풍토병에 시달린 정치와/경제의 수렁"에 빠진 현실 속에서도 순수한 인물들의 "끈끈한 삶을 음미하면"서 삶을 "인내"(「별을 헤아리며」)하고자 한다.

그러나 오늘날의 현대적 삶에는 '시간의 향기'가 사라져 버렸다. 시간이 가속화나 원자화되어 '반시간성 Dyschronie'을 특징으로 하는 오늘날에는 시간의 향기가 사라진다. 시간에 질서를 부여하는 중심과 리듬이 없어져 버렸기 때문이다. 시간의 향기가 사라진 과도한 속도와 경쟁의 현대적 삶은, 그래서 의미 있는 순수한 삶의 위기를 초래한다. 유나영 시에서 반복적으로 나타나는 외로움과 그리움의 정서는 이러한 순수한 삶의 위기에서 기인하는 듯하다. "공허한 밤"(「별이 진 자리」)과 "잃어버린 세월"(「여울목에서」)과 같은 표현들에서 나타나는 개인적인 상실감은 삶이 공허해져 의미가 사라져 버린 '지금-여기'의 현실에서 나타나는 감정이다. 그러나 다른 한편으로 이는 시간의 연속성을 상실한 현대인들의 보편적인 감정이기도 하다. 그런 점에서 유나영의 시는 냉혹하고 메마른 시간을 경험하는 현대인의 내면을 대변한다고도 할 수 있다.

특히 삶에 향기를 불어넣어 주는 '자유'가 상실된 현재의 시간은 현대인을 억압하는 기제이다. 그에게도 "세월이 차압해 놓"은 "구속된 생활의 내란"의 "간섭"이나 "압박" 같은 시간의 압력은 "이력의 울타리"(「천장을 보며」)가 되어 자유로운 시간을 구속하는 것으로 작용한다. 자유로운 시간의 상실은 현대인의 방향상실감을 유발한다. 방향감각의 상실은 곧 지금까지 지속되었던 자아의 동일성을 해체시키는 위기의 순간이다. 현대인들의 자아는 이렇듯 탈시간화된 '순간의 연쇄 succession de moments'(프루스트) 속에서 급속히 해체된다고 할 수 있다. 시인은 이런 현재적 상실감 속에서도 "어디로 갈 것인가"하는 "삶의 지표"(「자유의 상실」)를 세우기 위해 노력한다.

> 자유는 언제나 엄숙한 구속을 받아야 하는데
> 자유는 언제나 삶의 지표를 세워야 하는데
> 자유는 내 삶의 모멸 앞에 서 있습니다
> 언제나 그러듯이
> 잠자리의 날갯짓 하나만이라도 거느릴 권리와
> 힘의 기능과 그리하여 용기마저 잊고 왔습니다

- 「자유의 상실」 부분

근대적인 자유는 구속으로부터의 해방만을 추구하여 무책임한 방종과 일탈로 치달을 경우가 많았다. 하지만 이 시에 나타난 것처럼 유나영에게 자유란 "엄숙한 구속"이면서 동시에 "삶의 지표"가 되어야 한다. 이때 "자유"가 "자유로부터 구속되어 있"어야 하는 "엄숙한 구속"의 상황은 역설적이다. 시간이 해체되고 분산되는 현대적 삶은 모든 과거의 구속으로부터 현대인을 풀어놓는다. 하지만 이는 자아 정체성을 파괴하여 삶에 불안과 공포만을 조장할 뿐이다. 시인은 이런 현실 속에서 진정한 자유는 "하나씩 잡히는 사랑"(「여울목에서」)이나 "우정과 인연의 족쇄"(「천정을 보며」)와 같은 따뜻하고 사랑스러운 경험에 편입되어야 생겨날 수 있는 것으로 여기고 있음을 짐작할 수 있다. 지나치게 자유로워진 현대인들에게 자유는 오히려 역설적이게도 어떤 사랑이나 인연에 접속되어야 느낄 수 있는 공동체적인 것이기 때문이다. 하지만 '지금-여기'에서 마주하는 시간의 위기는 시인을 자유가 있는 향기로운 삶보다는 "삶의 모멸 앞"에만 서게 할 뿐이다.

결국 현대적인 삶에서 나타나는 시간의 위기는 삶의 '지속duree'(베르그송)을 불가능하게 한다고 할 수 있다. 지속할 수 있는 시간의 상실 속에서 시간의 향기는 휘발된다. 시간의 향기가 사라진 현 시대는 불연속적인 시간이 된 시대이다. 삶의 불연속성은 따뜻하게 살아있는 추억을 상기하거나, 그 시절의 이야기를 불가능하게 한다. 하지만 이야기말로 시간에 향기를 불어 넣는 요소이다. 그래서 역설적이게도 유나영은 과거에 잃어버린 대상들과 그에 대한 이야기들을 하고자 욕망한다. 라캉의 말을 참고하자면 '욕망의 지평에는 항상 잃어버린 대상'이 있기 때문이다. 그에게 유년 시절의 잃어버린 대상들은 그리하여 시인의 욕망과 그리움의 대상되어 끊임없이 현재의 시간으로 회귀한다.

유나영의 시에서 반복적으로 나타나는 "그리운 시절 어머니의 이야기"나 "이웃친구의 이야기들"(「천정을 보며」)과 같은 순수하고 의미 있는 과거의 이야기들에 대한 소망은 역설적이게도 이야기가 불가능해진 현대인들의 불연속적인 삶을 지적해 주고 있다. 이야기의 본령은 시간의 연속성이나 지속성이지만 시간이 분산되는 현대적인 삶은 그것을 불가능하게하기 때문이다. 그래서 그는 잃어버린 과거의 대상들에게서 시간의 향기를 맡고자 한다. 따라서 그에게 이야기가 생생하게 살아 있던 유년 시절의 과거는 순수함의 근원지이자, 삶의 애환이 녹아 있어 다시 회귀하고 싶은 원체험의 장소라 할 수 있다. 그리하여 시인의 말처럼 "우리들의 삶"은 과거의

"그 시절 그리운 날을 두고 서성일 뿐"(「우리들 삶」)인 것일지도 모른다. 유나영 시인은 과거와 현재라는 위태로운 경계 위에서 이렇듯 가족, 친구, 고향, 자연에 대한 순수한 이야기를 회복하고자 우리를 그의 시적 여행에 초대한다.[1)]

빈 뜨락에
달은 서릿발에 걸쳐있다

밀리어 버린
사랑에 휘청이다가
그 옛날 다듬이 소리 젖은
울타리 너머
저 만큼 마루턱에
할머니의 모습처럼
달은 서릿발에 걸려 있다

-「서릿발에 걸친 달」 부분

---

1) 유나영 시의 특징은 현대적 삶에서 나타나는 시간의 위기 속에서의 '이야기에 대한 소망' 이나 '이야기의 상실감' 으로도 지적할 수 있을 것 같다. 눈에 띄는 대로 그의 시에서 나타나는 이야기에 대한 소망과 이야기 상실감에 대해 언급한 시를 살펴보면 다음과 같다. "바닷가 이야기와 옛 이야기"(「갯벌을 바라보면서」), "강과 바람과 세월이 한꺼번에/옛이야기 풀어내면서"(「강과 바람과 세월에게」), "보릿고개 이름지운 옛날의 이야기/풀어대면서"(「만경강이 시름겨워하고 있다」), "정자나무 밑에 묻어둔 어머니의 이야기/소꿉친구의 이야기 부르면서", "나긋나긋 배인 사랑의 이야기"(「그리움의 세월」), "고향의 그리운 사람을 물어오는/희미한 이야기", "외로운 날의 이야기"(「가을 이파리는 팔랑개비 되어」), "우리들이 놀던 놀이터에는/홍겨운 날의 이야기만 남아 있을 뿐"(「고향의 노래 2」), "들국화 송이송이 어울리고/내가 그리던 남은 이야기"(「운일암 반일암」), "우리들의 가난한 시절 이야기"(「눈을 맞으며」)

백설이 달라붙은 농로에서
꽃보다 고운
동화를 연출해 내고

소꿉친구의 체온이 발밑의 눈발 속에
묻혀서 소리치면
그때에 나는 그리움으로 소스라치고

그것이 무엇인지 모르는 동안에도
안타까워서
유년을 부르고 있으면
또 눈은 내리고 쌓여서
발등을 덮어주고 있다

-「시골 풍경」 부분

'풍경의 발견' 은 시인의 내면적 세계를 만들고 드러내 주는 '인식론적 틀' (가라타니 고진)이 되기도 한다. 시인은 어떤 길이나 여행의 공간에서 마주치는 모든 풍경 속에서 유년 시절의 아련한 사랑과 아픔의 흔적들을 발견한다. 그 시절의 추억은 그에게 개인사적인 사랑과 애환을 상기시키는 공간이다. 우연히 마주하게 되는 풍경마다 그는 그 시절의 사랑과 아픔의 흔적들을 떠올린다. 가령 시인은 "빈 뜨락" 에 비치는 "달" 이라는 풍경 속에서 어린 시절 '할머니' 의 모습과 숨결을 연상해 낸다. “밀리어 버린/사랑에 휘청이다가/그 옛날 다듬이 소리 젖”은 할머니의 모습에는 많은 이야기가 생략되어 있지만 전근대적인 남성 중심주의 세계 속에서 고통 받던 여인들의 보편적인 애환이 숨겨져 있다. 하지만 유년 시절의 또 다른 풍경은 아름답기도 하다. “백설이 달라붙은 농로”에서 “꽃보다 고운 동화를/연출”하는 “유년” 시절은 현실인지 몽상인지 가늠하기 어렵기까지 하다. 그리고 “소꿉친구의 체온”이 “눈발” 속에서도 느껴지는 그곳은 어느새 생생히 살아있는 ‘지금-여기’의 환상적인 파라다이스가 된다.

유나영 시의 미덕은 이처럼 과거의 개인사적인 체험이 공동체적인 경험과 역사의 인식으로 확장된다는 점에서 찾을 수 있다. 그의 시에서 「고향의 노래」 연작을 위시한 작품들은 과거의 개인사적인 체험이 공동체적인 삶에 대한 문제 인식으로 확장되고 있다. 공동체란 시간의 향기가 남아 있는 공간이기 때문이다.

마을 아저씨들
풍물패 이끌고 모닥불 지핀
달빛 아래서 풍물놀이 하는 시절이
오늘처럼 넘나들면
뒤꽁무니 따라 놀던 때
그리움으로 젖어 나부끼고

-「둥근 달 내려앉은 모닥불 둘레에서」 부분

길 입구의 느티나무는 포구의 오백년 꿈을 새기고
있다
뭇 날을 두고 사람이 그러했듯이
쪼그라진 삶을 운명처럼 짊어지고 있다
포구의 억새는 바람개비와 같이 지축을 흔들 듯
개울물은 파장을 일며 고단한 풍속을 끌어안고 있
다

성당포구 옛 시절 삶의 터전
추억으로 남아
억새풀 한 노인의 등짐지고 가는 모습으로 남아
빈자리 폐허가 된 성당포구 버들가지엔 무심으로
바람이 인다

-「성당 포구의 억새」 부분

유나영에게 어린 시절의 과거는 "풍물패"와 같은 공동체적인 축제가 살아 있는 시간이다. 축제는 공동체적 삶의 연속성과 생생함으로 시간의 향기를 느끼게 해주는 시간이다. 또한 마을 입구의 "느티나무"는 "포구의 오백년 꿈"을 아로새기며 서 있는 대상이다. 그러나 "억새풀 한 노인의 등짐지고 가는 모습으로" 남아 있는 현재의 "느티나무"는 시간의 부침 속에서 역사의 애환을 느끼게 해준다. 유나영 시인이 행복했던 "잃어버린 세월"의 잡히지 않는 "사랑"을 노래 부르면서, 과거라는 "그리움의 자리"(「여울목에서」)를 맴도는 이유는 이처럼 잃어버린 시간의 향기를 되새김질하기 위한 것인지도 모르겠다.

3.

시인 유나영이 제기한 '인생론'이 이와 같이 시간의 향수만을 느끼기 위한 것이라면 의미 없는 시적 여행으로 끝나고 말 것이다. 유나영의 '인생론'에서 인상적인 점은 시간의 향기를 '지금-여기'에 되살리고자 촉구한다는 점에 있다. "믿음" 혹은 "사랑과 신뢰"(「믿음으로 타오르는 노래」)와 같은 향기로운 시간을 그는 '지금-여기'에서의 윤리적 실천을 통해서 이루어 낼 수 있다고 믿는다. 그래서 시간의 향기가 사라진 삶 속에서 "느끼는 것은 상실의 세월이지만/홍건히 배여 넘치는 것은/절망이 아니라/보다 큰 자성의 숨결"(「가을 산책 · 2」)이라는 그의 시적 전언은 시간이 원자화된 현대적인 삶 속에서 절망하지 않고, 시간의 향기를 되살릴 수 있는 방법에 대해 자성하고자 하는 다짐의 목소리로 들린다.

그렇다면 어떻게 해야 '시간의 향기'를 되살릴 수 있을까? 그가 제안하는 '시간의 향기'를 되살릴 길은 고향은 원초적인 과거의 시간으로 되돌아가는 것도 아니고,

유토피아적인 초월적 공간을 시적으로 형상화하는 것도 아니다. 오히려 '지금-여기' 의 이 세계 어디에서나 우리들이 만들어 낼 수 있는 '숲길' 이나 '고향' 과 같은 '헤테로피아Heterotopia' [2]들을 창조해 내는 일에서 그 실천을 수행할 수 있다고 본다. 시인은 그런 헤테로피아를 창조해 내기 위해서 '지금-여기' 에서의 '관용' 과 '사랑' 의 실천과 같은 윤리학을 제시한다. 시간의 향기를 회복하기 위해서는 '지금-여기' 에 공허하게 지속하는 시간의 구속에서 벗어나기 위한 윤리적 실천이 필요하기 때문이다. 그런데 시인에게 '관용' 과 '사랑' 이란 타인을 용서하고 사랑하는 평범한 윤리적 실천이 아니다. 그것은 오히려 타자들의 아픔을 이해하는 동시에 자신의 삶을 아프도록 채찍하면서 자성하게 하는 삶의 지침이다.

그럴 수만 있다면
환각이 키의 높이보다 더 클 수만 있다면
서둘러 관용해야 한다

왜냐하면 아픔은 남의 몫이 아니고
내 몫이니까

---

2) '헤테로피아Heterotopia' 란 푸코의 개념으로, 중립적이고 순백의 공간과 같은 유토피아적인 초월적 공간이 아니라, "자기 이외의 모든 장소들에 맞서서, 어떤 의미로는 그것들을 지우고 중화시키고 혹은 정화시키기 위해 마련된 장소들"와 같은 위치를 가지는 일종의 "반反공간"을 가리키는 말이다. 미셸 푸코, 이상길 옮김, 『헤테로토피아』, 문학과 지성사, 2014, 12~14쪽 참고.

아픔은 하찮은 잘못을 거느리지 못한
내 자만의 탓이였으니까

-중략-

그럴 수만 있다면
아주 천천히
나는 눈금만한 상처를
조금씩 다스리기를 소원하기 위하여
서둘러 관용해야 한다

-「관용법」 부분

타자들과의 관계에서 생겨나는 '아픔' 들은 보통 "남의 몫" 으로 여겨진다. 그런데 시인은 그것마저도 "남의 몫" 이 아니라 "내 몫" 이고, 자신의 "자만의 탓" 이라고 여긴다. 자신에게 남아 있는 "눈금만한 상처" 들을 "조금씩 다스리기를 소원" 한다면 이러한 삶의 '관용법' 이 필요하다고 역설한다. 이처럼 시인의 '관용법' 은 스스로를 구속에 처하게 하여 오히려 남보다 자기 자신을 먼저 신중히 배려하려는 태도에서 나온다. "가장 충만하고 능동적 형태의 자유란 사람이 타인들에게 행하는 권력 안에서 자기 자신에게 행하는 권력"[3]이라는 말을 참

3) 미셸 푸코, 문경자, 신은경 옮김, 『성의 역사2-쾌락의 활용』, 나남출판, 2018. 3판. 112쪽.

고한다면, 자기 스스로를 엄격한 구속에 처하게 하는 실천이야말로 삭막한 현대적 삶 속에서 진정한 자유를 획득할 수 있는 윤리적 실천이라 할 수 있다.

스스로에 대한 관용의 태도와 더불어 시인은 '사랑'의 자세를 역설한다. 그런데 시인에게 '사랑' 도 자기 스스로의 '이기' 와 '욕망' 에서 벗어나야 생기는 것이다. 즉 "스스로의 이기로부터/벗어나야 하고/다만 욕망을 거두어야"(「살아간다는 것」)하는 삶에서 사랑은 우러나온다. 이처럼 시인은 자신에게 집착하는 이기주의와 자본주의가 조장하는 탐욕적인 욕망에서 벗어나야 사랑의 윤리가 확산된다고 주장한다.

> 과일나무에 접목을 한다
> 접목한 과일나무는 두 모양의 얼굴이다
> 이 시대 이 사회의 구성은
> 접목으로 불신을 닦아야 한다
> 접목으로 비정한 삶을 바꿔봐야 한다
>
> 접목을 하자
> 맨 처음 탐욕을
> 키우지 않던 그 때의 미학을 위해
> 욕망의 그릇에 담긴 과욕을 털어내기 위해
> 접목해야 해야 한다
> 더 이상 지쳐가는 사회현실의 굴레에서
> 벗어나기 위한
> 새로운 생명의 접목을 하자

-「접목」 전문

탐욕적인 욕망을 추구하는 태도야 말로 현대인들의 "불신"과 "비정한 삶"이 생겨난 원인 중 하나이고, 시간의 향기가 사라지게 된 이유 중 하나이다. 반대로 공허한 욕망을 비우려는 자세는 "불신"과 "비정한 삶"을 변화시켜서 시간의 향기를 되살리는 실천이다. 이를 위해서는 그는 순수한 "과일나무"에 생명을 불어넣는 '접목'의 행위처럼, 타자들과 접목하는 행위가 필요하다고 선언한다. 그리하여 이 접목의 행위는 "맨 처음 탐욕을/키우지 않"던 순수한 과거의 "미학"을 되살릴 수 있는 길이자, "지쳐가는 사회현실의 굴레"에서 벗어나 "새로운 생명"을 잉태할 수 있는 자유의 실천이 되게 한다고 시인은 보고 있다. 시인은 이렇게 철저하게 자신부터 돌보고 타자들과 접목하는 윤리적 실천들을 통해 '지금-여기'에 시간의 향기가 살아 있는 '숲길'이나 '고향'과 같은 '헤테로피아Heterotopia'들을 창조할 수 있다고 여기고 있는 듯하다.

사랑은 가고 옛날은 남는 것
그리움으로 가꾸어 온
꽃받침 튕기면서 향기로도 남는 것

나는 시와 어울리는 시의 공원
작은 샘실길에 이르러
오래 잊혀진 사람
그 사람을 만나
이 가을의 정취를 나누고 있다

-「시의 숲길에 들어」 부분

하이데거의 '들길Der Feldweg' 을 연상시키는 "시의 숲길"은 메마른 현대적 삶의 공간에서 시인과 타자들이 어디에서든 만날 수 있는 '사이-공간between spaces' 이다. 그런데 이 '숲길' 은 시인을 순수한 '시' 에 이르게 하는 헤테로피아이다. "사랑"은 가도 "그리움으로 가꾸어 온/꽃받침 튕기면서 향기로 남는" 시간의 향기가 남아 있는 공간에서 그는 "오래 잊혀진 사람/그 사람"을 만나서 "가을의 정취"를 나눌 수 있기 때문이다. 여기에서 시인이 만난 그 옛사람은 과거에 사랑했던 추억 속 그 사람이어도 괜찮고, 그 사람이 아니어도 괜찮다. 다만 시인에게 시간의 향기가 살아 있는 '시' 라는 '사색적 삶vita contemplativa' (한병철)을 회복해 주기만 하면 되기 때문이다. 그리하여 "시의 숲길"은 시인과 타자들 모두에게 사랑이 넘치는 향기로운 '지금-여기' 의 헤테로피아가 된다.

그리고 시인에게 또 다른 헤테로피아는 '고향' 이다.

우리 모두 시인과 함께 자신들의 '고향'으로 돌아가는 시간의 여행에 동행할 때, 우리는 시간의 향기가 살아 있는 세계를 창안해 낼 수 있다. "풀내 향긋한 정취 쓸어안고/놀이에 열중한 유년의 시절도/끌어안고 환담할 수 있는/우리들의 고향에 가"(「고향의 노래 · 4」)는 일은 그래서 또 다른 헤테로피아와 만나는 일이다. 그러나 이 고향 또한 추억 속의 고향도 아니고, 상상 속에만 있는 유토피아적인 공간도 아니다.

내가 품을 수 있는 곳
그 곳이 있다면
거기가 아마 고향일 게다

친구의 까불대는 모습이 배인 곳이 고향이요
박 넝쿨 치렁치렁 늘어진 자리에서
풀을 뽑는 어머니 모습이 보이는 곳이 고향이요
노을 짙푸른 해거름에 굴뚝으로
연기 서린 곳이 고향이요
마당귀머리에 풀 탑이 하나 둘씩 쌓이고
마당을 쓸어대는 아버지의 모습이 서린
그 곳이 고향일진데

내가 품을 수 있는 곳
있다면 가리
개울물 으늑하게 흐르는 물가에 가리
세월만큼
끌려간 자리가 그리운데

아마 고향 묻혀 있을 것 같아
거기로 가야 할 게다

-「고향의 자리」 전문

시인은 "친구의 까불대는 모습이 배인 곳이 고향" 이요, "박 넝쿨 치렁치렁 늘어진 자리에서 풀을 뽑는 어머니 모습이 보이는 곳이 고향" 이요, "마당귀머리에 풀 탑이 하나 둘씩 쌓이고 마당을 쓸어대는 아버지의 모습이 서린/그 곳이 고향" 이라고 말한다. 하지만 그 고향은 어린 시절의 고향만을 말하는 것이 아니다. 시인은 다만 "내가 품을 수 있는 곳/그 곳이 있다면/거기가 아마 고향일 게다" 라고 말하고 있다. 따라서 시인이 가고자 하는 그 고향은 시인이 사랑하고 품을 수 있는 곳이라면 '지금-여기' 어디에서도 현존할 수 있는 헤테로피아와 같은 이상적인 사회라 할 수 있다. 따라서 유나영 시인이 추구하는 인생론의 종착역은 바로 '숲길' 이나 '고향' 과 같이 모든 이들에게 사랑과 추억이 넘치는 헤테로피아들이다. 그리고 시인은 이러한 시적 여행을 통해 '지금-여기' 의 위태로운 삶 속에서도 우리 모두가 함께 헤테로피아와 같은 아름다운 사회를 구축하려고 노력하는 인생을 촉구하고 있다고 할 수 있다.

4.

유나영의 시집 『서릿발에 걸친 달』은 이처럼 시간의 향기가 사라진 시대에 시간의 향기를 복원하고자 하는 시인의 순수한 윤리적 성찰이 담겨있다. 과거와 현재의 시간이 해체된 현대적인 삶은 순수한 삶의 균형과 중심을 상실케 했다. 그 결과 우리들은 인생에 대한 사색과 성찰을 멈추고, 공동체적 삶의 토대를 잃어버렸다. 물질적으로 풍요로울지 몰라도, 내면적으로는 연약하고 부서지기 쉬운 위태로운 삶을 살아가는 우리들에게 유나영의 인생론은 그런 점에서 우리의 삶을 풍성하게 해 줄 인생에 대한 사색을 전해 준다. 시간의 향기를 잃어버린 우리들에게 유나영의 시적 여행은 상실과 불안 현대적 삶 속에서도 헤테로피아와 같은 사회에 대한 새로운 희망과 기대를 낳게 한다는 점에서 의미 있는 시작詩作 행위라 할 수 있다.

그러나 다만 그의 시가 인생론에 대한 사색적인 면으로 치우쳐서 구체적인 현실 인식이 협소하게 드러나고, 생생한 이야기를 통해 인생론이 형상화되지 않는다는 점을 지적해 두고 싶다. 앞에서도 지적했지만 생생하고 구체적인 이야기는 바로 시간에 향기를 부여하는 요소이다. 생생한 삶의 이야기들로 현재적 삶에 나타난 위기들을 구체적으로 지적하면서 삶의 보편성과 진정성을 아우를 때, 더 많은 시간의 향기가 나는 시가 될 수 있다는 점을 첨언해 둔다. 유나영 시인이 다 털어 놓지 못한 많은 이야기들이 독자들에게 풍성하게 전해질 다음 시집을 기대해 본다. ■